# बुरांश

(कविता संग्रह)

# बुरांश

स्वाति मेलकानी

वाणी प्रकाशन ग्रुप

भारतीय ज्ञानपीठ

वाणी प्रकाशन : भारतीय ज्ञानपीठ की पुस्तकों के एकमात्र प्रकाशक एवं वितरक

लोकोदय ग्रन्थमाला : ग्रन्थांक 1534

सजिल्द पहला संस्करण : 2022
सजिल्द दूसरा संस्करण : 2026

वाणी प्रकाशन : भारतीय ज्ञानपीठ की पुस्तकों के एकमात्र प्रकाशक एवं वितरक

**वाणी प्रकाशन**

4695, 21-ए, दरियागंज, नयी दिल्ली-110 002
दूरभाष : 011-23273167, 23275710
ईमेल : sales@vaniprakashan.in
www.vaniprakashan.com

**ISBN : 978-93-90659-77-7**

**मूल्य : ₹ 375**

**बुरांश**
*(कविता-संग्रह)*
**स्वाति मेलकानी**



BURAANSH
*(Poetry Collection)*
by Swati Melkani

मुद्रक : आर. टेक ऑफ़सेट प्रिंटर्स, दिल्ली-110 032

मेरे माता-पिता के लिए
जिन्होंने मुझे
विचारों की जड़ें
और
कल्पना के पंख दिए

# मेरे लिए कविता...

मेरे लिए कविता अबूझ को समझने की दिशा में एक प्रयास है। कविता मुझे अधिक चैतन्य बनाती है। पिछले कुछ वर्षों में अनुभवों के आकाश और संवेदना की ज़मीन के बीच जो कुछ भी मेरे भीतर उग पाया वह सब इन कविताओं में दर्ज है। मैंने प्रयास किया है कि मेरी रचनाएँ यथार्थ से आँख मिलाएँ परन्तु इनमें कल्पना के विस्तार हेतु पर्याप्त स्थान हो। अपने स्थानीय परिवेश को साथ लेकर वृहद् वैश्विक अनुभूतियों से भी ये जुड़ सकें, ऐसा मैंने हमेशा चाहा है।

मेरा मानना है कि कविता स्वयं आती है। अत: इसकी प्रतीक्षा आवश्यक है। मेरे प्रथम कविता संग्रह ''जब मैं जिंदा होती हूँ'' में संकलित कविताओं और प्रस्तुत कविता संग्रह के लिखे जाने के बीच लगभग दस वर्षों का अंतराल है। इस अंतराल में मैंने बिना किसी जल्दबाज़ी के कविता के सहज बनने की प्रतीक्षा की है। इस दौर में जहाँ आभासी संसार वास्तविक जगत पर हावी है वहाँ यह और भी आवश्यक हो जाता है कि कविताओं के शब्द हमारी अनुभूतियों के समुद्र की गहराई से निकलकर आएँ। अपने चारों ओर निरंतर गतिमान जीवन में अनिवार्य ठहराव की आवश्यकता इस समय में सर्वाधिक महसूस की जा रही है। ऐसे समय में कविता सहारा देती है। अनजान रास्तों में कविता राह सुझाती है। विरह गीत बनकर कभी दु:ख को सहलाती है तो कभी सूक्तियों के रूप में जीवन का मर्म समझाती है। तात्कालिक मुद्दों पर हमारी दृष्टि जाना स्वाभाविक है परन्तु कविता किसी भी विषय पर मात्र एक त्वरित टिप्पणी न होकर उसकी गहराइयों में उतरकर अंतरतम तक पहुँचने की एक ऐसी सायास प्रक्रिया है जिसका प्रारंभ अनायास होता है।

कविता ने मुझे जड़ें और पंख दिये हैं। मैं कविता की ऋणी हूँ। प्रस्तुत कविता संग्रह अपने जड़त्व से आगे निकलकर वैश्विक अनंतता में प्राप्त हुए अपने हिस्से के कालखंड को समझने व उसमें सार्थक हस्तक्षेप कर सकने का एक कृतज्ञ प्रयास भर है। मैं आशा करती हूँ कि ये कविताएँ एक बेहतर समाज निर्माण हेतु चल रहे सतत मानव प्रयत्नों में एक प्रभावी सूक्ष्म स्थान प्राप्त कर पाएँगी।

**—स्वाति मेलकानी**

# अनुक्रम

## तुम और मैं

तुम
एक विशाल आकाश हो
बड़े से बड़े
ग्रह और नक्षत्र भी
तुम में समाकर
ओझल हो जाते हैं
इसीलिए शायद
तुम रह पाते हो
तटस्थ
निष्पक्ष
और अक्षुण्ण ............

पर मैं,
निरंतर
अपने ही पैरों तले
पाताल की विभीषिका को
उद्घाटित करती
वह गतिशील धरती हूँ
जिसमें समाकर
सूक्ष्मतम् बीज भी
अपनी जड़े जमा लेता है।

मुझमें कुछ नहीं खोता
मैं एकत्र करती हूँ
स्वयं के भीतर
उन सुप्त खदानों
और मूक झरनों को
जो समय-असमय
तुम्हारे द्वारा
खोज लिये जाने को
प्रस्तुत रहते हैं।

इसीलिये
मैं पक्षधर हूँ
जीवन की
सुख और दुःख की
हर्ष और विषाद की ............

मैं
तुम्हारी तरह
निर्लिप्त रहकर
विजयी मुस्कान धारण नहीं कर सकती।
मुझे
प्रेम और विरह
दोनों पर मान है
मैं भी जीवित हूँ वर्तमान में
किन्तु मुझमें
भूत अब तक प्राणवान है।

❑

# यूरोप में शरणार्थी

जब समुद्र के किनारे
एक बच्चा मरा हुआ मिलता है
तब समुद्र शान्त रहता है
और कोई सुनामी नहीं आता।

जब ट्रेन से धकेलकर
लोग फेंके जाते हैं
तब दुनिया की
तमाम रेलगाड़ियाँ
बिना रूके चलती रहती हैं।

जब मनुष्यों के
भीतर घुस आने के डर से
कंटीले तारों की बाढ़े लगाई जाती हैं
तब जमीन पर उगा
हर बबूल, नागफनी और गुलाब
अपने बदन के काँटों पर
शर्मिंदा नहीं हो उठता।

जब पटरियों पर
बच्चे लेट जाते हैं
और उनकी माांएँ
भूख से बेहोश होकर
गिर पड़ती हैं

तब
कहीं एक शराबी
नशे में धुत होकर
निर्वस्त्र औरतों पर नोट फेंकता है

जब
मृत शरीरों को नोचने के लिये
गिद्ध न मिलते हों
और लकड़ी कम पड़ने पर
प्लास्टिक के ताबूत बनाने पड़ें
ठीक उसी वक्त
हम आसमान देखकर
एक ठन्डी आह भरते हैं
और
दोपहर से
रात के बीच का फासला
हमें लम्बा महसूस होता है।

लौटती लहरों के साथ
बह आये
ओक्टोपसों के बीच से
पैर बचाते हुए
हम एक और दिन
रात होने से पहले
घर लौट आते हैं। .........

कि हम थक गये हैं
और सोना चाहते हैं
कयामत आने में
अब भी वक्त है

❑

# एकांत

मौन में भी
उठती हैं ध्वनियाँ
भाषा भी तो बंधी है सीमाओं में
शब्द कब पहुँच पाते हैं
हर दिशा में ...
कितनी पुकारें
अनसुनी रहकर
सतह के शून्य में समा रही हैं

समय के ब्लैक होल से टकराकर
कोई किरण वापस नहीं लौटती

वे सारे शब्द
संकेत अक्षर ध्वनियाँ
जो अब तक कहे नहीं
और न सुने गए
उनके उद्‌गम का
कोई चिह्न खोजती है
यह निःशब्द प्रहर

यह एकांत बड़ा अद्‌भुत है
इसमें स्वप्नों की विद्युत है

❑

# कभी ऐसे भी आना

कभी ऐसे भी आना साथी
कि तुम्हारे कदमों की आहट
समुद्र में उठती लहरों की तरह
दूर से ही सुनाई पड़े

तुम्हारे चेहरे की चमक से
चौंधिया जाएँ मेरी आँखें
और मैं
तुम्हें देखने के बजाय
महसूस करने लगूँ ....

तुम्हारे कंधे हर भार से मुक्त हों
और उनमें
मेरे सर रखने को
भरपूर जगह हो

कभी ऐसे भी आना साथी
कि तुम्हारे माथे पर
कोई लकीर न हो
और तुम्हारे दोनों हाथ
इतने खाली हों
कि वे मुझे पा सकें.....

कभी ऐसे भी आना साथी
कि तुम्हारे बालों में
समय की रेत
उलझी न हो
और तुम्हारे पैरों का वेग
पीछे छोड़ दे
बीते वर्षों के
संचित क्षणों को

तुम्हारी आँखें
इतनी साफ़ हों
कि मैं उनमें
देख सकूँ अपना चेहरा
बिलकुल वैसा ही
जैसा वो तब था
जब हम मिले थे
पहली बार .....

❑

## अनंत की कड़ियाँ

अब पड़ने लगी हैं
मेरे चेहरे पर सिलवटें
और तुम्हारा चेहरा
कली सा खिलता है
मेरे घुटनों में थकान के कंपन हैं
और तुम्हारे पैर
दौड़ने की तैयारी कर चुके हैं
भोर के शुभचिन्हों से
भरे हैं तुम्हारे हाथ
और मैं
सूर्यास्त की सुन्दरता को
समेटना चाहती हूँ।

मेरी बेटी
तुम एक
अदभुत जीवन को
अनावृत करने वाली हो
और मैं
एक भरपूर जिंदगी के
अहसास से भरी हूँ

तुम्हें पाना है बहुत

और मैं गिन रही हूँ
वह सब
जो रह गया शेष..................

तुम्हारी आँखों से
मेरी आँखें
आने वाले कल में उतरती हैं।
तुम्हारा होना
मेरे होने का प्रमाण है
तुम हो
क्योंकि मैं थी
तुम रहोगी
क्योंकि मैं हूँ
मैं और तुम
अनंत की कड़ियाँ हैं

❑

## एक खिड़की

एक ऐसी खिड़की
जरूर बनाना घर में
जो
तुम्हारी पहुँच में हो
और
जिसे तुम
अपनी मर्जी से खोल सको।

जब
तुम्हारी सांसें
फूलने लगती हैं
तो उस खिड़की से होकर
ताजी हवा
आ सके तुम तक
और तुम
महसूस कर सको
कि हवा में
तुम्हारा भी हिस्सा है।

एक ऐसी खिड़की
जरूर बनाना घर में
जहाँ से झाँककर
धूप तुम्हें देख सके

और
तुम जान सको
कि सूरज तुम्हारा भी है।

जहाँ से चहककर
पक्षी
तुम्हें गीत सुना सकें
और
तुम देख सको
फूलों से खेलती तितलियों को।

यह भी हो सकता है
कि बगीचे में दौड़ती
गिलहरी को देखकर
तुम्हें
थोड़ी हँसी भी आ जाए
और तुम मान सको
कि हँसी बची है
तुम्हारे भीतर..........

शायद किसी रात को
खिड़की के बाहर
चमकते तारों के बीच
भरे अंधेरों को निहारते हुए
तुम्हें
उस बची हुई हँसी के
घर का रास्ता मिल जाए
और
अंधकार में मुस्काती
तुम्हारी आँखें
दहलीज पर रूठी
सुबह को मनाकर
भीतर ले आएँ। ❑

## यह समय-1

यह समय
जो चल रहा है
धमनियों में रक्त
अब बहता नहीं है एक गति से
अनियंत्रित होकर
टकराता है दीवारों से ..........
फटने को तैयार
फूली हुई शिराएँ
झाँकती हैं
चमड़ी से बाहर...

धूप तेज है
निकलने से पहले ही
सूख जाता है पसीना...
बचे खुचे पेड़
अब छाया नहीं देते
वे तो बस
एक मजबूती खूँटी हैं
कर्ज में डूबे
किसानों के
गले की फाँस बनने को।

इस समय में
भूख है, प्यास है, सूखा है........

इस समय में
बाढ़ है, भीड़ है, बातें हैं...........
अल्जाइमर और अवसाद से घिरा
यह समय
ओबेसिटी और कुपोषण
साथ-साथ झेलता है।
'कैलोरी बर्न' करने को
'ट्रेड मिल' में चलता है।
अंत्योदय कार्ड लिये
धूप में पिघलता है.........

यह समय
गूंगों के आगे अकड़ता है
बदन को मिट्टी छुए
तो झगड़ता है
चाँद के सपनों पे जाकर
अटकता है
टपकते नल के ऊपर
झपटता है

यह समय
अपनी ही जमीन पर
झूलता हिलता मटकता
लटकता है
यह समय अपने ही घर में भटकता है।
अब गिरा
वो तब गिरा
ठोकर लगी
फिर बच गया

डग-मग...डग-मग
गड-मड...गड-मड

❑

## यह समय–2

वर्षों बीत जाते हैं
पर
कुछ है
जो नहीं बीतता।
किसी घटना का
घटना भर ही
उसके घट जाने का
प्रमाण नहीं ...
प्रमाण के लिए
आवश्यक है
उसका जुड़ना
समय के पंचांग में

यह समय ही
होने से अधिक
दिखने का है

❑

# और समय जो वर्तमान है

यह उदास शाम
बढ़ती है अकेली रात की ओर
जिसके बीतने पर
सुबह का एकांत
द्वार पर खड़ा
मेरी प्रतीक्षा को
नया दिन बनाता है ...

दिन बनने और उसके बीत जाने का क्रम
अनवरत जारी है ...
जीवन के सन्दर्भ नए होते जाते हैं
पर अतीत पर धुरी
मेरी जो छूट गयी है
उसी केंद्र की परिक्रमा में
नए नए सूरज
उगते और डूबते हैं

जीवन की जो कथा
मैंने सुनी या बुनी
उसका पिछला छोर
अभी तक अगले छोर पर भारी है .....
और समय जो वर्तमान है
वह तो अब तक सीख रहा है
कहना ...सुनना ...सपने बुनना ... ❑

# कहो चिड़िया

कहो चिड़िया
कब तक चहकोगी ?
जब धूप तेज होगी
तो
अपनी कोमल देह को
कैसे बचाओगी ?
देखो वह पेड़ झुलसता है।

जब कान के पर्दे
फटते हों
शहर के शोर से
तो कैसे सुनाओगी
भोर का धीमा संगीत

कहो चिड़िया
जब बादल फटेगा
तो अपने भीगे पंखों को
कैसे सुखाओगी
समय के अंधेरे में।

तुम्हारी निर्दोष आँखें
कैसे देखेंगी

टकराती तलवारों को
बहते रक्त को
बच्चों की लाशों को
फैलती दुर्गंध को

कहो चिड़िया
अपनी लघुता को
कैसे प्रमाणित करोगी
इस संसार की
बढ़ती भव्यता में।

कहो चिड़िया
कहो तो ................
कहो तो मैं भी
तुम्हारे साथ
आकाश में
दूर तक उड़ चलूँ
किसी ऐसे स्थान की खोज में
जहाँ
तुम्हारे और मेरे जैसे
अनदिखे जीवों का होना
अब भी अपेक्षित है

और जहाँ
हमारा सूक्ष्म अस्तित्व
अब भी
सहने योग्य है

❑

## जंगल

पहाड़ से जंगल कटे
और शहर में उगने लगे ...

जंगल
सिर्फ पेड़ों के नहीं होते
ठीक उसी तरह
जैसे
जंगली नहीं होते
सिर्फ जानवर ....

शहर ढकने लगा है
फैलते जंगल से
सूरज की
आधी अधूरी रोशनी को
झपटने के लिए
हजारों बेलें
पेड़ों को कसती हुई
बेतरतीब बढ़ती जाती हैं ...

जंगल फैल रहा है
एक मजबूत जाल की तरह
जिसमें फँसी हुई मछलियाँ
सांस भर हवा के लिए
एक दूसरे के ऊपर

चढ़ती उतरती
लड़ती या मरती हैं

ऊँघते शहर में
धुंध से बेचैन
करोड़ों तारों की
चीखें सुनाई पड़ती हैं
और
एक बेजान खामोशी से
भरी हुई रात
घिसटती रेंगती...खत्म हो जाती है
फैक्ट्रियों के सायरन के साथ

अलस्सुबह...जंगल में
एक और ट्रेन आकर रूकी है।
अनगिनत मुसाफिर
धरती सी गठरियाँ लादे
अपने पहुँचने लायक
जगहों को तलाशते हैं।

जंगल कहीं नहीं ठहरता
कई-कई सड़कों पर
बे-रोक-टोक दौड़ता रहता है ........
और इस जंगल में
रास्ता भटक जाना
एक बेहद मामूली बात है
जिसका जिक्र करना
महज वक्त की बर्बादी है।

वही वक्त/जो हमेशा
जरूरत से कम पड़ जाता है
शहर के जंगल में

❑

# देवदारों का उगते रहना आवश्यक है

देवदारों के बीच से
धूप का आ जाना
कठिन होता है
पर
जब कोई
पतली किरण
ऊँचे दरख्तों के बीच
एक पगडंडी बनाकर
निकल आती है
तो
उसके प्रकाश में
चमकते
धूल के कण
जीवन और विजय के
प्रतीक से दिखते हैं ..........

वह अबूझ सौंदर्य
समा जाता है
उस एक किरण में
जो
खुले मैदान में चमकती
असंख्य किरणों में भी

अदृश्य रहता है ...

एक सूर्य तो है ही
और रहेगा तब तक
जब तक रहेगा जीवन
पर
देवदारों का उगते रहना
आवश्यक है
नन्हीं किरणों
और
धूल के
इतराने को ............

दिख जाने को
कभी
सभी को
जो उस जंगल में रहते हैं
जिसमें देवदार उगते हैं

❑

# बुरांश

**( एक )**

बुरांश के खिलने से
बसंत युवा होता है
और उसका यौवन
छिपाए नहीं छिपता

हरे पहाड़ में छिपे हुए पेड़ों के
जंगल में होने का
एक और साक्ष्य मिलता है
जब बुरांश खिलता है

**( दो )**

बुरांश अकेला नहीं खिलता
खिलते बुरांश के साथ
पतझड़ से ऊबे
सैकड़ों बांज सुरई और काफल
फिर चहकने लगते हैं
बुरांश के खिलने से
जंगल खिल उठता है

**( तीन )**

बुरांश आशा है
आज के सूरज के
वर्षों तक उगने की
और
अँधेरी रातों में
तारों और जुगनू के
कभी न बुझने की

उथले प्रयासों से दूर
एकांत का हाथ थामे
अपने अस्तित्व को
अभिव्यक्त करना
जैसे एक बुरांश का खिलना

**( चार )**

बुरांश का खिलना
एक भरोसा है
कि हवा में पानी
पानी में जीवन
और जीवन में प्रेम
अब भी शेष है

अंतर्मुखी जंगल के
मितभाषी वृक्षों की
गहरी आवाजों को
नया स्वर मिलता है
जब बुरांश खिलता है

**( पाँच )**

आग रक्त
सूर्य और जीवन की लालिमा को
विस्तार मिलता है
जब बुरांश खिलता है
बुरांश प्रतीक है संभावनाओं का

**( छः )**

बुरांश आश्वासन है
कि जंगल में शेष
सिर्फ शिकारी ही नहीं ....

कि जंगल अब भी पोसता है
अनदिखे पौंधों
और अनसुने जीवों को ....

कि पहाड़ के भीतर
अब भी नमी है
और पेड़ों की जड़ें
अब तक धंसी हैं
मिट्टी की परतों के नीचे
कि धरती अब तक जुड़ी है
उन सबसे
जो आकाश छूना चाहते हैं

बुरांश प्रतीक है सम्भावनाओं का

( सात )

बुरांश एक आशा है
कि  जंगल अब भी खुले हैं
प्रेमियों और कवियों  के लिये
गडरियों और भेड़ों के लिये
और उन सब के लिये
जिन्हें शहर ने बुलावा नहीं भेजा
या जिन्होंने
ठुकरा दिया
शहर का बुलावा

बुरांश एक आशा है
कि रास्ता दोनों ओर खुला है
और
लौट जाना भी
हो सकती है एक शुरुआत

जैसे सर्दियों के लौटते ही
खिल उठते है बुरांश
और पतझड़ हार जाता है
एक और युद्ध
प्रेम और सौंदर्य की
अमरता के साथ ...

❑

## घर का रास्ता

कुछ दिनों के लिये
घर का रास्ता
बदल जाता
तो बेहतर था ...
रास्ते पर रोज चलकर
समय के क्षितिजों का दिखना
थम गया है

रास्ते का
हर पेड़
यथावत खड़ा है
न पुराने पत्थर ढहे हैं
न कोई नया जुड़ आया है
किनारों की दीवारें भी
अपनी जगहों पर चिपकी
ऊबने लगी हैं ...
नदी खामोश होकर बह रही है
और किनारे बसे लोग
अपने-अपने कामों में
व्यस्त हैं

रास्ते पर पड़ता

हर कदम
एक गहरी ऊब से
भारी होकर
जमीन में धँस जाता है।
रास्ता कहीं नहीं पहुँचता
और लौटकर
घर वापस आ जाता है ...

फिलहाल
और कुछ
बदलता नहीं दिखता
कुछ दिनों के लिये
घर का रास्ता
बदल जाता
तो बेहतर था

❑

## माँ से ....

तुम्हारी  चिंता जैसी
एक चिंता
मुझमें भी जगने लगी है ...
तुम्हारे क्रोध सा ही
मुझे भी क्रोध है

तुम्हारा ही अवसाद
फूटता है मेरे भीतर
और मेरे पंख भीग जाते हैं ....
तैयार होने पर भी
मैं टाल देती हूँ
अपनी उड़ान ...

तुम्हारे सपने
आज भी सपने ही हैं
मेरे लिए

अब भी बादल फटते हैं
और तेज़ बहाव में
मेरी जड़ों से बंधी मिटटी
बह जाती है ...

माँ,
जिस मोड़ पर
मैंने तुम्हें छोड़ा था
वह मोड़ अब भी वहीं है
और उसका घुमाव
एक चक्र के समान
अपनी परिधि बढ़ा रहा है ...

बीते वर्षों में
जो कुछ बदला है
मेरे भीतर
उसमें
मेरा तुम बन जाना
भी शामिल है ...

❑

# अमरनाथ 2017

जब ईश्वर तक जाने के रास्तों में
बारूद बिछा हो
और फूलों के साथ
गोलियाँ बरसती हों
तो क्या यह नहीं है वक्त
कि तमाम धर्मग्रंथों को
दोबारा पढ़ा जाए
और ढूंढी जाए
वह मुख़्तसर बात
जो लिखने से छूट गयी
या शायद लिख दी गयी
भूल से ...

जब जयकारों के साथ
चीखें उठती हों
और आशीषों के प्रसाद में
मौत भी बंटती हो
तो मंदिरों और मस्जिदों से आगे
किसी बेहतर जगह की तलाश
ज़रूरी हो जाती है...

एक ऐसी जगह
जहाँ आने जाने में

जान का ख़तरा न हो
और जहाँ चलने पर
बयानों और सियासत की
लिजलिजी जोंकें
पैरों में न चिपकती हों

एक ऐसी जगह
जहाँ गलती का जवाब गलती
और मौत का जवाब
मौत न हो

जहाँ जिंदगी की दुआएँ
सबके लिए मांगी जाएँ

जहाँ नफरत की नदी
जमकर
बर्फ का ऐसा पहाड़ बन जाये
जो आने वाले मौसम में
धीरे धीरे पिघलकर
खुश्क हवाओं में
साँसों के लिये ज़रूरी
नमी को
बनाये रख सके

❑

# आसमान नहीं जानता

हमारे पास
गर्व करने के लिए
एक नीला आसमान है
जो हमेशा
हमारे माथे के ऊपर
समुद्र सा लहराता है .....

जब बरसता है आसमान
तो इसकी बूँदे
हमें भिगोकर
तर रखती हैं
और जब
कोई गर्म सूरज
इसकी पनाह पाकर
धूप और धूल के
तूफान उठाता है
तो हम
वाष्पित होने लगते हैं .........

आसमान को
हमारी कमजोरी
और हमारी ताकत का

पूरा पता है ...
इसीलिए
वह आ बैठा है सर पर
हमें बढ़ते
घटते
और बीतते देखने.......

पर शायद
आसमान नहीं जानता
कि
देख तो हम भी रहे हैं।
कि हमारा बढ़ना
बढ़ाता है आसमान को
कि हमारे बीतने से
आसमान बीत जाता है

❑

## जगहें बदलती हैं

हम बदलना चाहते हैं
बदलती जगहों के साथ
और आसमान में तलाशते हैं
कुछ नये रंग

अनगिनत समुद्र  आते हैं हम तक
और अपने पैरों तले की
रेत के धंसने से
हमें उनके लौटने का अहसास होता है ...

दोबारा जुड़ने की प्रतीक्षा में
हम जाते हैं हर रोज़
समुद्र के पास
आसमान भी रोज़ मिलता है हमसे
और उसके रंग
हर सुबह और हर शाम बदलते हैं

हम घिरे हैं एक लम्बी दोपहर से
और तेज़ धूप में
नज़रें उठाकर आसमान देखने का
साहस और समय/हमारे पास नहीं है....

जगहें बदलती हैं
पर हम वही रहते हैं ❑

# अनुभव समुद्र

मैं देखती हूँ खुद को
समुद्र की लहरों के पास
और गीली रेत पर चलने से
मेरे पैरों में गुदगुदी होती है

मैं दौड़ती हूँ समुद्र किनारे
और डूबता सूरज
मेरी हथेलियों को
छू जाता है

किनारे की सीपियाँ
लौटती लहरों के साथ
फिर समुद्र में बहने लगती हैं
और उन्हें जाता देखकर
मैं उनके लौटने की
प्रतीक्षा करती हूँ

समुद्र किनारे
शाम भर बैठकर
मैं बैठना चाहती हूँ
और रात भर ...

समुद्र से बाहर
छलक आई लहरें
भिगोती हैं मेरा चेहरा
और मुझ पर जमी बर्फ
पिघलने लगती है ...

अपनी मुंदी आँखों के भीतर
मैं समुद्र के तल पर उगी
मूंगे की चट्टानों को
स्पर्श करती हूँ ...
अनगिनत मछलियाँ
मेरे दोनों ओर से गुज़र जाती हैं ...

समुद्र मेरे भीतर उतरता है
और मैं
गहराइयों की अनदिखी सुगंध में
अपने संचित जीवन की
डोर को
धीरे धीरे छोड़ देती हूँ

मैं पहाड़ में रहती हूँ
मैंने समुद्र कभी नहीं देखा
मैंने समुद्र को अनुभव किया है

❑

## अम्मा का गीत

अम्मा की उम्र पूछने पर
प्रमाणिक उत्तर मिलने की
संभावना कम है ।
अम्मा शायद अस्सी की है
या शायद सत्तर की ....
अम्मा बन जाने पर
उम्र कम या ज्यादा होने का
कोई अर्थ नहीं रह जाता।

पिछले तीन दिनों से
लगातार चलती बारिश के बीच
आज रविवार की सुबह
जब मैं
बरामदे में बैठी
पढ़ रही हूँ अपनी प्रिय किताब
तो बरामदे के
दूसरे छोर से
आ रही है
अम्मा के गाने की आवाज़ ...

गीत के शब्द और अर्थ
मेरी समझ के परे हैं

पर बारिश का असर
देखते ही बनता है

बारिश नहीं है
सिर्फ कवियों प्रेमियों
और पढ़े लिखों के लिए ...
कोई अकेली अम्मा भी
बारिश में गुनगुना सकती है
अपने समय का
अनसुना गीत ...

जीवन का शेष रह जाना ही
काफी है
उसे जीने के लिए
बड़े और महान कारणों की खोज
शायद कुछ बड़े
और महान लोग करते होंगे

उम्र के पीछे भी
पुराने सूरज चमकते हैं
और हो चुकी बारिशों की
नमी बची रहती है
ज़मीन की गहरी
परतों के नीचे ...
हर नई बारिश के साथ
पानी में पानी मिलता है
और बीच की सूखी परतें
भीग जाती हैं ।

फिलहाल
हम सबको चौंकाती हुई
भरे पूरे घर के

एक अकेले कमरे में निर्वासित अम्मा
गा रही हैं गीत
और बारिश लगातार ज़ारी है ...
गीत के बोलों सी गिरती बूँदें
गीत की ही धुन पर
नाचती सी लगती हैं

कुछ गीत सिर्फ अपने होते हैं
कुछ गीत सिर्फ अपने लिए गाये जाते हैं
समय और उम्र से पृथक
बारिश और गीतों का होना
अम्मा के होने को
गहराता
भिगाता
जिलाता है

बारिश जारी है
और जारी है अम्मा का गीत
मैं किनारे रख देती हूँ अपनी किताब
और देखने लगती हूँ बारिश
अम्मा का गीत
झमाझम बरसता है
और भीग गयी हूँ मैं ...

❑

## देह भर

हम हो सकते थे पेड़ और पहाड़
और एक दूसरे में समाई
हमारी जड़ें
हमसे भी अधिक
आलिंगनबद्ध रहती

हम हो सकते थे नदी और झरना
जहाँ एक का अंत
दूसरे के आदि को उत्पन्न करता
या
रात और तारे
जिसमें एक का अन्धकार
दूसरे के प्रकाश हेतु द्वार खोलता

हम हो सकते थे बादल और बारिश
जहाँ एक के पिघलने से
दूसरा बह निकलता

हम सूर्य और दिन भी हो सकते थे
जहाँ एक के उगने से
दूसरा स्वयं उग जाता
या समुद्र और धरती

जिसमें एक के ऊपर
दूसरे के लहराने की
अपार संभावनाएँ होती।

हम हो सकते थे बसंत और फूल
जहाँ एक के खिलने से
दूसरे के आ जाने का अहसास होता

हम हो सकते थे
हवा और सुगंध
जहाँ एक चलने से
दूसरे को गति मिलती।

सोचो क्या नहीं हो सकते थे हम
सिवाय दो देह भर होने के
जिसमें एक स्त्री
और दूसरी पुरुष की थी ...

❑

# ज्वालामुखी

ज्वालामुखी जब फूटता है
तो भागने का समय नहीं मिल पाता
पहाड़ का शांत होना ही
पर्याय है
उसके ज्वालामुखी बन सकने का
बुलबुलों की तरह
पल पल फूट पड़ना
नहीं है पहाड़ की प्रकृति में ...

पर हर दिन नहीं फूटता ज्वालामुखी
वर्षों तक अनवरत
वह संजोता है ऊष्मा
भीतर के उबाल में
स्वयं को सुलगने देता है
सहन करता है अनगनित दबाव
पर जब
उसकी सहनशक्ति
चुक जाए
तो विस्फोट के अतिरिक्त
और कोई मार्ग शेष नहीं रहता ...

ज्वालामुखी विस्फोट एक अनिवार्य गलती है
जिनसे बनते हैं इतिहास

और भूगोल बिगड़ते हैं

ज्वालामुखी फटते हैं
और दमित स्वरों का लावा
समय के शरीर पर
बह निकलता है ...

ज्वालामुखी फटते हैं
तो आकाश और सूर्य
असहाय होकर
साक्षी बने रहते हैं

जब पर्वत
बाकी धरती से हिसाब करता है
तो आकाश
सूर्य
या समुद्र
कोई मध्यस्थ नहीं रह पाते

❑

# एसिड अटैक

जो तुमने डाला था मेरे चेहरे पर
वह तेज़ाब था
और उसकी जलन से
मेरी आत्मा जल गई

जो तुमने देखी थी ठंडे कोयलों सी
वह नहीं थी केवल
दो जली हुई आँखे
उनके भीतर
कई सपने ख़ाक हुए थे ...
इन सपनों में
कईयों की हिस्सेदारी थी
मेरी माँ और पिता
ऐसे कुछ सपनों को
रोज ही गढ़ते थे
मेरे लिए ...

मेरे सपनों की हत्या
तुम्हारे बलशाली प्रेम की
विजय का प्रतीक है..

कभी गुलाब से खिलते थे

मेरे जले हुए होंठ
जिन्हें पूरा खोलने की कोशिश में
चीख पड़ती हूँ मैं
और मेरे गाल
जिनसे मवाद रिसता है
कभी उतने ही नर्म थे
जितने हो सकते हैं
किसी भी युवती के
जो अक्सर आ जाती है
कवियों की कल्पना में...

पर तुमने जो किया
वह कल्पनातीत था
आईना देखती हूँ तो डर जाती हूँ
तुम्हारा अट्टहास
रोज़ टकराता है मेरे अस्तित्व से
और मेरे भीतर का शोर
कई गुना बढ़ जाता है ..

मैं अभिभूत हूँ तुम्हारे पौरुष से
सचमुच
तुम कुछ भी कर सकते हो

❑

# जन्मदिन पर

बरसात में
भीगे पत्तों
और झूमती लताओं के बीच
मैं देखती हूँ आसमान
और जीवन का
एक और पृष्ठ
पलट जाता है

कहानी हमेशा
एक सिरे से आरम्भ होकर
दूसरे की ओर बढ़ती है ....
सिरों के बीच झूलता जीवन
अपने आदि और अंत
दोनों को गढ़ने में
असमर्थ है .....

आज जन्मदिन पर
सोचती हूँ
कि अगर कोई कहानी
दूसरे सिरे से शुरू होकर
पहले तक पहुँचे
तो भी शायद
वैसी ही रहेगी
जैसी पहले थी

❑

# संधान करें हम

आओ, अपनी गतियाँ जोड़ें
अपने अपने विस्तारों को
थोड़ा खीचें
ओर छोर को जांचें परखें
और वहाँ जो स्रोत छिपा था
उसे दोबारा चिन्हित करके
फिर से सींचें

अपना वह प्रस्थान बिंदु
जिससे हम मिलकर साथ चले थे
उसे खोजकर
अपने पहले दो जोड़े पदचिन्हों को
फिर झाड़ें पोछें
और धरती की परतों में
कुछ नए फूल के पौधे रोपें

नई दिशाओं का आओ संधान करें हम ...

वह चादर जो
हमने तुमने फैलाई थी
उसमें रंगों से कुछ सुन्दर चित्र उकेरें
पैबन्दों के पास ज़रा सी बेल काढ़ दें

और फूलों के खिल उठने की
आस करें फिर ...

समय हमारा था या उनका
ऐसी बातें करने में भी
समय बीत जाता है थोड़ा ...

शेष हमारे हाथ हमेशा ही रहता है
आओ उससे नई यात्रा पर फिर निकलें
आओ अपनी गतियाँ जोड़ें
नई दिशाओं का आओ संधान करें हम ...

❑

# जब तक खुले हैं रास्ते

मैं उड़ना चाहती हूँ
खुले आकाश में
और मेरे पंख
स्वयं उग आते हैं

मैं तैरना चाहती हूँ
गहरे समुद्र में
और अतल गहराइयों की
थाह पाना चाहती हूँ

यदि संभव हो
तो मैं
जाना चाहती हूँ अंतरिक्ष में
एक लंबी सैर के लिए
तारों के साथ कुछ दिन
छुट्टियाँ बिताना चाहती हूँ।

जब तक खुले हैं
तुम तक लौट आने के रास्ते
मैं ब्रह्माण्ड के
हर कोने तक
हो आना चाहती हूँ

## मुश्किल

*(सामुहिक बलात्कार का शिकार हुई*
*सात साल की आसिफा की मौत के बाद)*

बीते कुछ दिनों से
ज़मीन पर पैर रखते ही
उसके धंसने का अहसास होता है
हवा सर्द है
पर सूख जाता है मेरा गला
भरे बसंत में
मैं गुजरती हूँ पतझड़ से

पहाड़ी रास्तों पर चलते चलते
मैं रेगिस्तान में पहुँच जाती हूँ
और वह नदी
जिसका पानी बांटता था जीवन
बाढ़ बनकर
डुबा रहा है मुझे

मैं आँखें खोलती हूँ
पर कुछ देख नहीं पाती
रात का अंधेरा
भर गया है धूप में

धरती दरकती है
और मैं
उसमें समा जाने का

सुराख ढूँढती हूँ ...

कि मेरी कलम
पहली बार
अपनी नाकामी को
महसूस कर रही है
मेरी खामोशी मेरी बर्दाश्त से बाहर है
मैं भागना चाहती हूँ
अपनी चुप्पी के शोर से

अब मैं नहीं लिखना चाहती
एक और कविता।
मैं उतरना चाहती हूँ सड़कों पर .....

मेरी आवाज़
खुद के होने का
सबूत मांग रही है
अब मुश्किल है इसे बहला पाना
सिर्फ एक कविता लिखकर ....

❑

# हमारे अंधेरे

एक ऐसा बिंदु है
जहाँ
हम दोनों पृथक हो जाते हैं
हमारी इस पृथकता से
उत्पन्न बिछोह
हमारे अंधेरों को निर्वस्त्र करता
हमें भयभीत करता है

हमने एक दूसरे को अंधेरे पहनाए
हमने अधेरे ओढ़े
हमने अंधेरे बिछाए
अंधेरों में हम
बल्लियों से टकराए
हमें ठोकरें लगीं
हम चीखे चिल्लाए

हमने वह सब किया
जो अपरिहार्य था
कि अंधेरा बना रहे...
अपनी पृथकताओं के
हमने उत्सव नहीं मनाए

एक दिन रात हुई
और अंधेरे में सोकर
हम उठ नहीं पाए ...
इस बीच हमें
दीप जलाने का
विचार नहीं आया

हमने कई रंग खोए हैं
हमसे कई रूप छूटे हैं
हम सूरज से अनभिज्ञ रहे
हम स्वयं में स्थितप्रज्ञ रहे

❑

# कितना अच्छा होता

कितना अच्छा होता
अगर बच्चे दौड़ते हुए स्कूल आते
दमकते चेहरों
ऊर्जावान पैरों
और प्रश्नों से भरे मस्तिष्क के साथ
अनगिनत मस्तिष्कों से छलकते
असंख्य प्रश्न
और छलकते प्रश्नों को समेटते शिक्षक

कितना अच्छा होता
अगर पढ़ाते समय
शिक्षक की आँखों में चमक होती
और जाती बच्चों की आँखों तक
और फिर उनके मन तक

स्कूल की घंटी ऐसे बजती
जैसे रात की समाप्ति पर
चिड़ियों ने चहचहाकर
प्रभात की घोषणा की हो
और उसके बाद
सब सुन्दर से सुन्दरतम हो जाता

कितना अच्छा होता
अगर शिक्षक यूँ पढ़ाता
जैसे माँ चलना सिखाती है
और बच्चे पढ़ते
निर्भीक होकर
जैसे पिता की उंगली थामे
नहीं रहता गिरने का भय

बच्चे दौड़ते
तेज़
और तेज़
बिना थके
बिना रुके
अपने शिक्षक के साथ
जैसे घूमने निकले हों
और कम समय में
यहाँ भी वहाँ भी
सब देख लेना हो

तेज़
और तेज़
दौड़ते दौड़ते बच्चे आगे निकल जाते
शिक्षक पीछे रह जाता
वह मुस्कुराकर देखता दौड़ते बच्चों को
उन्हें शाबासी देता...
वह देखता जाता और बच्चे उड़ने लगते
वह फिर मुस्कुराता
जैसे बुद्ध मुस्कुराए होंगे
बोधिवृक्ष के नीचे...

तभी फिर घंटी बजती
और शिक्षक यूँ जागता

जैसे मोक्ष के बाद नया जीवन पाया हो
और पाना हो नया मोक्ष
नये जीवन के बाद ..

कितना अच्छा होता
अगर जीवन में कई मोक्ष होते
कितना अच्छा होता
अगर स्कूल
बच्चों की सबसे प्रिय जगह होता

❑

## मिमियाता प्रेम

कभी–कभी
मैं चाहती हूँ तुमसे घृणा करना
घृणा इसलिए नहीं
की तुम मुझसे प्रेम नहीं करते
घृणा इसलिए
की दुनिया के समक्ष
असहाय हो जाता है तुम्हारा प्रेम ...

जब तुम्हारे प्रेम को
मेरे सत्य के लिए
वज्र बनकर जूझना होता है
तो वह मिमियाने लगता है
अपनी इस याचना को
तुम मुझसे
कुछ अधिक महान हो पाने की
अपेक्षा का नाम देते हो

मैं चाहती हूँ तुमसे घृणा करना
क्योंकि तुम्हारा प्रेम
चंद स्वार्थों के वशीभूत होकर
घुटने टेक देता है

तुम्हारा प्रेम

बंटा है टुकड़ों में
और खंडित प्रेम में भागीदारी
अस्वीकार है मुझे ...

एक सुरक्षा घेरे के बीच
तुम्हारे प्रेमपाश में बंधे रहने से
घुटती हैं मेरी साँसे
और तुमसे बाहर दिखते दुःख
मुझे आकर्षक लगने लगते हैं

प्रेम और भीरुता के
दो छोरों के बीच
लटकते तुम
किसी भी स्वर्ग में नहीं पहुँचते
तुम्हारी दयनीय स्थिति
एक बार फिर
मुझे करूण होने पर विवश करती है
एक बार फिर
मैं तुम पर क्रोध के बजाय
दया करने लगती हूँ
एक बार फिर
मैं तुम्हारे ढहते प्रेम को
सहारा देती हूँ
एक बार फिर
मैं तुम्हारी अपेक्षाओं पर
खरी उतरती हूँ

❑

# मैं लौट आती हूँ

मुँह अँधेरे
घर से निकलकर
मैं तेज़ क़दमों से बढ़ती हूँ
रास्तों के किनारों पर
सोये कुत्ते
मेरे बेतरह बजते बूटों से
जाग पड़ते हैं
और मुझ पर भौंकते हैं
मेरे पास एक छड़ी है
मेरे पास कुछ बिस्कुट हैं
छड़ी और बिस्कुट
कुत्तों से निपटने में
मेरे काम आते हैं

ऐसा नहीं
कि भोर का अँधेरा
मुझे नहीं डराता
पर मुझे अपने डर को
छिपाना आता है
मैं बहादुर दिखना चाहती हूँ
बचपन में मैं सचमुच बहादुर बनना भी चाहती थी
पर मैं होशियार हूँ

और अपने भीतर कि कायरता को
बड़े बड़े बोलों से ढकना
मैंने सीख लिया है ....

उगते सूरज की लाली
मुझे अब भी चमत्कृत करती है
सुबह की ओस में भीगकर
मेर चेहरे की झुर्रियाँ
कुछ देर के लिये
ओझल हो जाती है
और हर दिन मिले जीवन का अर्थ
मेरी आँखों में
खिलने लगता है।

दिन का बनना और बढ़ना
मेरे बढ़ने के साथ जारी रहता है
मैं परिचितों को देख मुस्कुराती हूँ
पर उनमें से कुछ को
अनदेखा करना भी
मुझे अच्छी तरह आता है।

भीड़ से गुजरते हुए
एकांत की कल्पना से
मुझे अब भी गुदगुदी होती है
घड़ी की सुईयों के साथ
अपनी उम्र जितने सालों से
मैं लगातार चल रही हूँ।
मैं जानती हूँ कि मेरे ठहरने से
वक्त नहीं रुकेगा
पर ठहरने का अवकाश
मैं खुद को नहीं दे पाती

सड़क बाज़ार पार्क मैदान
चढ़ाई ढलान
और कूड़ेदान से गुजरते हुए
मैं उसी रास्ते पर लौट आती हूँ
जिससे सुबह गुजरी थी

मैं पेड़ पहाड़
नदी और समुद्र तक जाती हूँ
मैं आकाश और अन्तरिक्ष में
अंतर कर पाती हूँ
मैं अपने होने को
हर दिन गिनाती हूँ
और इस सब के बाद
घर की दहलीज़ पर
फिर से खुद को
एक औरत ही पाती हूँ
मैं घर लौट आती हूँ

❑

# पिथौरागढ़ किताब आंदोलन के नाम

यूँ तो क्या फर्क पड़ता है
किताबों के होने
या न होने से
जिंदगी की
ज़रूरतों की फ़ेहरिस्त में
किताबें न तो हवा हैं
न पानी

किताबों को
ज़िन्दगी के बेदख़ल किये
ज़माने गुज़र चुके हैं
मोबाइल से बचा वह समय
जिसे हम जीवन कहते हैं
अब किताबों की हसरत
नहीं पालता ...

इस दौर में
जहाँ बोतलों में बंद होकर
पानी और शराब
दोनों बराबर बिकते हों
वहाँ किताबों की मिट्टी में
कुएँ खोदने

और किताबों की सोहबत के
नशे में रहने की
मोहलत किसके पास है

मेरे नौजवान दोस्तो !
किताबों के न होने से
उन्हें कोई फ़र्क नहीं पड़ता
जैसे सूरज को नहीं पड़ता फ़र्क
जंगल में आग लगने से
या पानी के ज़हर बनने से

ज़मीन के गुणा भाग
ज़मीनी हवाओं में कैद हैं
और आसमान के क़द तक
उनके उड़ पाने की
सख़्त मनाही है

किताबों के न होने से
उन्हें कोई फ़र्क नहीं पड़ता
जिन्हें नापसंद है
खुली क़िताब के
फड़फड़ाते पन्नों से उठता
जीवन का वह मधुरतम गीत
जो ख़ुद से बाहर आ पाने के
दरवाज़ों पर दस्तक देता है

किताबों के न होने से
उन्हें कोई फ़र्क नहीं पड़ता
जो इंसान के भेड़िया बन जाने को
इस सदी की
सबसे बड़ी उपलब्धि मानते हैं

❑

## तत्परता

आसमान से
मिलने की तत्परता में
धरती ने उभरकर
बना डाले पहाड़
पर
आसमान आज भी है
दूर....बहुत दूर.....

इस बीच
कई नदियाँ बह चली हैं
धरती से निकलकर
धरती के बाहर
और भीतर

❑

# चिर विराम

मैं और तुम
नदी के दो तटों की तरह
एक दूसरे के सम्मुख
शांत खड़े हैं ....

हम साक्षी हैं
उस अविरल जीवन के
जो हम दोनों के बीच
निरंतर प्रवाहमान है ....

नदी की धार से
टूटकर छिटकते
समय के टुकड़ों से
हम दोनों ही भीग रहे हैं...

हमारी समान इच्छाओं का
अब कोई अस्तित्व नहीं है
हम दोनों ही
चिर विराम से बंधे हुए हैं
और
बीतते जीवन की
पदचापों को
अपनी हृदयगति
स्वीकार कर चुके हैं ❑

## चीटियों के पंख

कुछ पंख केवल दिखाई देते हैं
और अक्सर उग आते हैं
मरणासन्न चीटियों के शरीर पर ....

फुदकने जितनी
उड़ान भरती चीटियाँ
अपने पंखों के सहारे
कहीं नहीं पहुँचती
और जब
उन्हें सचमुच
कहीं पहुँचना होता है
तो वे ज़मीन पर चलकर जाती हैं ...
वही जमीन
जहाँ तमाम रास्ते
हर ओर बिखरे हैं
खुद के खोजे जाने की
अनवरत प्रतीक्षा में....

पर
आसमान तो
बंटा हुआ है
अपनी अपनी आँखों की
पुतलियों की परिधि में .....

आसमान की उड़ान में
जो मिलता है चीटियों को
वह जूठन है गिद्ध की ...
वही गिद्ध
जो बादलों के ऊपर उड़ता है
और जिसकी दृष्टि
ज़मीन की
हर चमकीली चीज़ पर
सधी हुई रहती है ...

आसमान और उड़ान
दोनों गिद्धों की हैं
चींटियाँ उड़ती हैं
तो मरती हैं

❑

# शहर से गुज़रते हुए

ताज़ी बर्फ के फाहों सा
मेरा सर्द शहर
अपने बाशिंदों के लिबास पर
चिपका हुआ चलता है..

शहर किसी भी वक्त
खुद को छिटक कर
अलग हो जाता है
और अपने लिबास पर पड़े
गीले निशानों से
हमें अपने छूट जाने की
खबर मिलती है ..

लम्बे साथ की मोहलत
शहर कभी नहीं देता ..

हर रोज़ घर से निकलकर
हम खो जाते हैं शहर में
और इंसानी मरुस्थल के बीच
दिन भर अपनी शिनाख्त करके
लौट आते हैं
खाली हाथ और भारी दिमाग के साथ ..
रंगीन खुशबुओं से महकते शहर में
अब भी गाँव की गंध आती है

पर
उसे सूँघने की कोशिश
महज़ वक्त की बर्बादी है ....

शहर ढकना चाहता है
अपना पुरानापन
और रोज़ रात में
दिन भर के कचरे को
बुहार कर सोता है....

हर सुबह
एक नयी अंगडाई लेकर
और नया होने की ख्वाहिश लिए
जग जाता है मेरा शहर ...

शहर ख्वाबों के जीने
और उनके मर जाने का चश्मदीद है

शहर से गुजरते हुए
मैंने देखी हैं कुछ आँखे
जो ठहरी हैं सदियों से
उसी शहर में
जो बेतहाशा भाग रहा है

शहर से गुजरते हुए
बहुत कुछ गुज़र जाता है
पर जो रह जाता है
शायद वही बचा रहेगा
जब शहर
एक पल ठहर कर
खुद से रूठ जाने की
तरकीब सोचेगा.... ❑

## तुम्हारा नाम

मैं लिखती हूँ 'प्रेम'
और वह तुम्हारा नाम बन जाता है ...
तुम्हारा  नाम
मेरे जीवन में
पर्याय है प्रेम का ....

तुम्हारा नाम जुड़ता है मुझसे
जैसे सुबह से जुड़ता है सूर्य
और मौसम से बसंत...
जैसे बादल से जुड़ती है बारिश
और बारिश से नदी
या नदी से समुद्र ...

मैं तय करती हूँ
बूँद से समुद्र का रास्ता
और तुम्हारा नाम / पतवार बनकर
मेरे साथ-साथ चलता है

मैं भी उलझती हूँ नदी के भंवर में
पर डूबती नहीं...
तुम्हारा होना
परिभाषित करता है
स्वयं जीवन को/ मेरे लिए...

❑

# बेटी के सवालों पर

वो पकड़ती है मेरी उंगली
या मैंने पकड़ा है उसका हाथ
वो चलती है मेरे संग
या मैं चल रही हूँ उसके साथ ....

वो पूछती है सवाल
और अनगिनत सवाल
जागते हैं मेरे भीतर ....
उसका पूछना
और मेरा बताना
एक कोशिश है
वक्त की खुदाई की ....

इस बीच
मुझे साफ़ करना है
खुद पर लगे जालों को ..
मैं हटाना चाहती हूँ
उन मकड़ियों को
जो बुनती हैं मुझपर
अपने खाने और ठिकाने के रास्ते ....

मैं खाली करना चाहती हूँ खुद को

## नए सवालों के लिए

चंद सवालों के सहारे
मैं तैरना सीख रही हूँ...
आजकल पानी से
डर नहीं लगता
और दिख जाता है फर्क
ऊंचाई और गहराई के बीच

मैं माँज रही हूँ खुद को
क्योंकि उसे भरोसा है
मेरी चमक पर ...

माँ होना
एक मौका है
खुद को तलाशने का...
माँ होना
एक मौका है
खुद को तराशने का...

❑

# मुनस्यारी में सुबह

खिड़की खोलते ही
सुबह का गुलाबी उजाला
भीतर चला आए
और चिड़ियों की
अलग अलग आवाजों को
गिन पाना मुश्किल हो

हिमालय से आया
दोस्ती का सन्देश
ओस की टपकती बूंदों के साथ
हवाओं में फ़ैल जाए
और कोहरा खुद को हटाकर
धूप को रास्ता देता हो

कई रंग के फूलों में
कई रंग की तितलियाँ
मंडराती झूमती हों ....

रात की बारिश से भीगी
यह कंपकपाती सुबह
ज़रा गीली तो है
पर / इस भीषण संसार में
ऐसी सुबह का होना
अनमोल है

❑

## मौन स्वीकृति

वर्षों से तुम
प्रसन्नता के आवरण में
इस विश्वास को रचते हो
कि तुम्हें मुझसे प्रेम है

तुमने कभी विराम लेकर
इस पके हुए प्रेम को
परखने का प्रयास नहीं किया

चलो,
तुम्हें कायर नहीं कहती
क्योंकि मैं जानती हूँ
कि सत्य का सामना होते ही
तुम्हारी आँखें
दुखने लगती हैं

अपने अंतरतम में
तुम्हारा भयभीत चेहरा
मैंने कई बार देखा है
मैं यह भी जानती हूँ
कि स्वयं के भीतर झाँकने से
कितना डरते हो तुम
इसीलिये

तुम्हारे हर विश्वास में
मेरी मौन स्वीकृति
तुम्हारे साथ रहती है

यद्यपि
मैं जानती हूँ
कि खिल चुकने के बाद
सुन्दरतम फूल भी
मुरझाते हैं
और सुबह के दिन बनने पर
ओस की बूँदें
वाष्प बन जाती हैं

❑

## समय चक्र में

दिन बनने के क्रम में
क्षण भर को यूँ भी होता है
कि सूरज के सातों रंग
हाथों में हाथ डाले
साथ साथ टहलने लगते हैं
और उनकी बातों से
गूँज उठता है
सारा आकाश...

सोचती हूँ
कि समय के चक्र में
कोई ऐसा क्षण भी होगा
जिसमें तुम
एक इन्द्रधनुष बनकर आओगे

यद्यपि
मैं परिचित हूँ
तुम्हारे सभी रंगों से
पर
मैं भयभीत हो जाती हूँ
इस परिचय के
पूर्ण हो जाने की
कल्पना से ..

❑

## बदलाव

वर्षों के फासले से
जब देखती हूँ तुम्हें
तो तुम
कोई और प्रतीत होते हो
तुम्हारी आँखें और बातें
अपने रंग रूप को
नये सांचों में ढाल चुके हैं

तुम्हारा मन
जो अब
जीवन के सामान के नीचे
कहीं गहरा दबाकर
सुरक्षित रखा है
उस तक मेरी पहुँच
कम पड़ जाती है
और मैं मान लेती हूँ
कि वह अब तक
धड़कता होगा
लगातार ...

अपनी खिड़कियों के बाहर
बदलते मौसमों को

मैंने भी देखा है
पर
जो बदला है मेरे भीतर
वह
तुम्हारे भीतर के बदलाव से
बहुत अलग है

आश्चर्य है
कि हमारी ही तरह
एक ही कालखंड में
अलग अलग तरह से
बदले हुए लोग
अपने अलगाव को
बगल में दबाए
विपरीत सड़कों पर
साथ साथ चलने का
प्रयास कर रहे हैं ...

पर
इन प्रयासों का परिणाम
पता है मुझे
और तुम्हें
और शायद उन्हें भी

❑

# शोर

कुछ आवाजें सिर्फ शोर होती हैं
और ऐसी आवाजों से
किसी को
कुछ नहीं सुनाई देता

सुनने के लिए
ज़रूरी है कानों की मंशा
और आसपास की शांति ...

बोलने भर से
हर बात कही नहीं जाती

मुँह और कान के बीच की
न्यूनतम दूरी
आवश्यक है
ताकि जो कहा जाये
वह आपस में न उलझे
और सुनाई दे साफ़ साफ़
बिना क्रम बिगड़े

शोर का साम्राज्य
उतना भर है
जितना हमारे कानों के दरवाज़े

❑

## मेरा होना आवश्यक है

जब
शरीर का एकांत
मेरे मन में उतरकर
मस्तिष्क को मंद कर देता है
और सारी स्मृतियाँ
अतीत की तरह
बीतने लगती हैं
तो उनके साथ
स्वयं के बीत जाने का
एक त्वरित ज्वार
डुबाता है मुझे
और मैं
आँखें मूंदकर
डूब जाती हूँ..

ठीक तभी
अशेष स्मृतियों का
एक अनछुआ बवंडर
उठता है मेरे भीतर
और हिचकोले खाती
मैं संभालती हूँ
स्वयं को..

कि मेरा होना
आवश्यक है
उस सब के लिये
जो जुड़ा था मुझसे ...

कि मेरा होना
आवश्यक है
क्योकि समय
केवल
वर्तमान ही नहीं होता ...

❑

## तुम्हारा साथ

तुम्हारा साथ
एक सुबह है
जिसकी प्रतीक्षा में
कई रातें
अपलक बीती हों

एक कल्पना है
जिसे करते हुए
सैकड़ों यथार्थ
अपनी पूर्णता के
समीप पहुँचे हों

तुम्हारा साथ
एक यात्रा है
जिस पर चलते हुए
मंजिल की इच्छा
शेष न रहती हो

एक कविता है
जो भाषा के मरुस्थल में
गिरती है
वर्षा बनकर

तुम्हारा साथ
एक गीत है
जिसके धुन और बोल
समय के साथ
और नए होते जाते हैं

तुम्हारा साथ
एक नदी है
शुष्क हवाओं से लुक छिपकर
जो मौसम के पार
सदा बहती रहती है

तुम्हारा साथ
एक स्वप्न है
जिसके पूर्ण होने तक
पूर्ण हो जाता है
एक सम्पूर्ण जीवन

❑

## नियति

तुम और मैं
समय के दो पृथक शीर्षों पर
आत्ममुग्ध होकर खड़े हैं ...
हमारे धड़ से जुड़ी गर्दन
एक निश्चित परिधि तक घूमती है
और एक दूसरे पर
दृष्टि पड़ते ही
हम ठिठक जाते हैं

हम दोनों ही अपने पैरों
और मन के भीतर
झाँकने से भयभीत हैं .....
यद्यपि हमें विश्वास है
कि हमारे बीच प्रेम अब भी बसता है...
और
इसी विश्वास को
परखने के प्रयास में
हम एक दूसरे की ओर
अपनी हथेलियाँ फैलाते हैं...

हम जानते हैं
कि हमारे हाथ

समय के विस्तार से बहुत छोटे हैं ...

भ्रम के कोहरे में
स्वयं को भुलाए
हम उन स्मृतियों को जिलाते हैं
जो वर्षों पहले
बीत चुकी हैं ..

किन्तु हमारे
असिंचित अतीत
और वर्तमान के बीच भी
जीवन उग आता है
और लगातार बढ़ता है
भविष्य पर नज़रें गडाए
हमारे बीचों बीच.....

एक बार फिर
हम दोनों
एक दूसरे से
नज़रें चुरा लेते हैं ....

शायद हम जानते हैं
की तेज़ दौड़कर
या दबे पांव
हमारी हथेलिओं से
जीवन फिसल रहा है ...
और उसे अनदेखा करना
हमारी एकमात्र नियति है।

❑

# किन्तु

काले अन्तरिक्ष में एक दिन
तुम उभरे
बनकर सूर्य
और
भटकती उल्का सी 'मैं'
तुम्हारी परिक्रमा करने लगी.....

मुझमें  है गतिशीलता
और नित्य नयापन
किन्तु
तुम्हारा आकर्षण तो चिर स्थिर है ....

मैं नित
नए नए आवेगों से झरती हूँ
संवेगों को पार
उतरती और चढ़ती  हूँ

मैं कब तक बंध पाऊँगी
या  कब छूटूँगी
क्या जानूँ मैं कब टूटूँगी
या कि जुडूँगी

और यह कैसे कह दूँ

तुम थे केंद्र
सनातन और अभीष्ट
मुझे निरंतर रत रखने को ....

यह जीवन का जाल पारदर्शी है
लेकिन ..
सुबह ओस की
बूंदों से भीगा रहता है
और
भोर की
किरणों को
विसरित करता है

❑

# पुनः

वह
जो अदृश्य है
उसके होने
या घटने की
संभावनाओं के सहारे
चलता है जीवन..
गतिमान के संचालन हेतु
आवश्यक है
स्थिर आकाश का होना ..

जैसे
आदि से अन्त तक
विराम में रहकर
दो ध्रुव
मिलकर बनाते हैं
उस धुरी को
जिस  पर घूम कर
पृथ्वी देखती है
दिन–रात
पतझड़–बसंत
जीवन–मृत्यु
पुनः जीवन
पुनः मृत्यु
पुनः जीवन

❑

## पेड़

पेड़
तुम्हें देखकर
विश्वास नहीं होता
कि तुम भी कभी गिर सकते हो
या
सूख सकते हो
समय बीतने पर।

पेड़
सच सच बताना
क्या तुम्हारे होने के पीछे
तुम्हारा न होना
चुपचाप चला आ रहा है

❑

## यायावर

शून्य समाता है मुझमें
या स्वयं
शून्य में समा रही हूँ
मुझे भुलाता है जीवन
या मैं जीवन को
भुला रही हूँ
आसमान की चाह लिये हूँ
पर धरती पर
न्यौछावर हूँ

मुझे प्रेम की डोर न सौंपो
मैं उसमें ही बँध जाऊँगी
एक ही जीवन पास है मेरे
मैं अनंत की यायावर हूँ

❑

## तो भी शायद

अगर मैं
कई भाषाएँ जानती
तो भी शायद
मुश्किल होता
वह
सब कुछ
तुम तक पहुँचाना
जो उलझ रहा है
मेरे भीतर
जमीन से भटकी
भूमिगत होती
नदी की तरह

❑

## हिसाब के परे

पहली बारिश का गीलापन
सधे हुए पैरों का कंपन
और समय का धुंधला दर्पण
यह तीनों ही तुमने मुझको दिखलाए हैं

हैं हिसाब के परे
वे सारी शामें और दिन
जो मैंने खोये थे या मैंने पाए हैं
सालों से ठहरे लम्हों में
कितने सूरज अलसाए हैं

❑

# हैप्पी न्यू इयर

यूँ तो कुछ नहीं बदला
तुम्हारे बदल जाने से
सिवाय दीवार पर लगे
उस रंगीन कागज़ के
जिसे हम कलेंडर कहते हैं
पर फिर भी तुम्हारा जाना
बहुत कुछ पीछे छोड़ जाता है

तुम्हारे बदलने का जश्न
हर बदलते मौसम के
ना ठहर पाने की उदासी से
कुछ कम भी नहीं ...
तुम आये हो उन लम्हों की कीमत पर
जो तुम्हारे साथ
चले जायेंगे
कभी न लौटने के लिये ....

तुम रह जाते तो अच्छा था
तुम जा रहे हो
तो भी बस देखते रहना है
तुम्हें रोक पाना
हमारे बस की बात कहाँ ...

हमें तो बस
किसी अनजान कोने में
अपने होने का गवाह बने रहना है

साल दर साल
हर इकतीस दिसंबर को
रात बारह बजते ही
तुम नया साल बनते गए
और हम
तुम्हारे बदलने के साथ
और न जाने क्या बदल जाने की
उम्मीद करते रहे ...

नए और पुराने के बीच
वह क्या था जिसे बदल जाना था
और वह
जिसे नहीं बदलना था

चलो इस साल फिर एक बार
इसे जानने की कोशिश करते हैं
फिलहाल
हैप्पी न्यू इयर

❑

## स्थान कहाँ है

इनमें भरी है
बदलते समय की विद्रूपता
और परिस्थितियों से उपजी विरक्ति
स्वार्थ और द्वेष भी
आ बैठे हैं
एक कोने में सिकुड़कर ...

जीवन के
कई रंगों से रंगकर
ये खो चुकी हैं
अपना वास्तविक रंग

क्रोध और घृणा से भरी
तुम्हारी आँखों में
मेरे निश्छल प्रेम के लिए
स्थान कहाँ है... ?

❑

## मैं स्त्री हूँ

मैं
इतना हंसती हूँ
कि आँखें भर आती हैं

मैं
इतना रोती हूँ
कि आँसू कम पड़ते हैं

मैं
अपने ही भीतर की
हलचल से
कम्पित होती हूँ

मैं
स्वयं ही घाटी
और पहाड़ बनती हूँ

मैं स्त्री हूँ
मैं अवनी हूँ
मैं देवों के लोक नहीं खोजा करती हूँ
मैं इंसानों के ही संग जीती मरती हूँ

❑

# पहाड़ और द्वीप

स्वयं के भीतर उगते
पहाड़ों को लांघना
संभव नहीं है
बिना स्वयं से बाहर निकले...

बीते वर्षों में
ये पहाड़
खारे पानी के समुद्र से घिरे
द्वीप बन चुके हैं..

हमारे पहाड़ों का
द्वीप बन जाना
हमें अलग कर देता है शेष दुनिया से
जो रोज बसती है
हमारे बाहर

समुद्र की सैर अच्छी तो है
पर किसी द्वीप में बस  जाना
पानी में कैद होने से
कुछ कम भी नही

❑

# तुम से होकर

तुमसे होकर
मैं अपने भीतर लहराते
समुद्र की
गहराई में उतरी हूँ
और तुम्हीं ने मुझे
अपने मन की
चट्टानों से मिलाया है

मेरे लिए तुम्हारा होना
ज़रूरी था
उतना ही
जितना नन्हे अंकुर के लिए
ज़मीन की कठोरता का
नदी के लिए चट्टान का
बादल के लिए पहाड़ का
और जंगल के लिए
आग बारिश
तूफ़ान का

❑

## आमा का जाना

आमा का जाना
मेरे लिए
एक युग का बीत जाना है...

बचपन में
आमा के किस्से
परीलोक के द्वार खोलते थे
बड़े होने पर
वही बातें
किसी दूसरे युग की
घटनाएँ लगती थी
और आमा स्वयं
वह सूत्रधार
जो नाटक के
कई दृश्यों को
एक सूत्र में पिरोता
नाटक के हर दृश्य में
अपने होने की छाप छोड़ता है...
वही होना
जिसके पीछे /नहीं होना
चुपचाप चला करता है ...

चौबीस साल का वैधव्य काटकर

आज आमा चली गयी...
उसके जाने से पहले ही
जा चुके थे उसके माँ बाप
पति बेटा भाई और पोता...
उसे दुःख था
कि चले जाने की कतार में
वह पीछे खड़ी थी

बीतते युग के / अंतिम वर्षों में
आमा का होना
एक भग्नावशेष रह गया था
जो अपने भविष्य को
अतीत से ढककर रखता था

आमा की आती-जाती साँसों के बीच
बीते ज़माने की बयार
अब भी चला करती थी
पर उसकी सुगंध और उदासी
एक बस उसे ही छू पाती थी

आमा लटकी थी
पुल बनकर
दो ऐसे युगों के बीच
जिनमें जीवन
एक दूसरे के विपरीत
निरंतर गतिशील था।

पर आज आमा चली गई
और उस युग के सारे चिह्न
अपनी कंडी में रखकर
साथ ले गयी
न जाने कहाँ

❑

# गुलाब से

तुम गुलाब हो
पर सफ़ेद रंग के
सुर्ख लाल होते
तो शायद प्रशंसा पाते

रंगों के संसार में
अभी शेष है खोज
कई नये रंगों की

तुम सफ़ेद हो
तुमसे मिलकर
रंग कोई भी खिल जायेगा
इन बासी रंगों से उपजी ऊब मिटाओ

प्यारे गुलाब!
सीखो
रंग बदलना सीखो

प्यारे गुलाब!
देखो
दुनिया के रंग देखो

❑

# दूरबीन

दूरबीन से देखने पर
दूरियाँ
घटती सी लगती है
और हम देख पाते हैं
उन अनदिखे  दृश्यों को
जो केवल आँखों से
शायद ही दिख पाते

पर
दूरबीन की
एक अधिकतम सीमा है
जिसके आगे
चीज़ों का दिखना
बंद हो जाता है

बीते समय से
छूटते संबंध की
स्मृतियाँ भी
भविष्य की देहरी तक
आते आते
दृष्टिक्षेत्र की सीमा के
पार हो जाएँगी

कठिन है प्रारंभ
और अंत निश्चित
पर
प्रारम्भ और अंत के बीच
अबूझ अंतराल को
छलांगकर लांघ पाना
कठिनतम है

❑

## बेटी की माँ होना

बेटी की माँ होना
जैसे दूर क्षितिज पर
एक नन्ही चिड़िया के साथ
देर तक उड़ना.......

या
समुद्र की
अतल गहराइयों में
एक चुलबुली
रंगीन मछली के
साथ-साथ तैरना।

बेटी की माँ होना
जैसे ओस से भीगी
हरी घास में
चमकीली आँखों वाले
सफेद खरगोश के साथ
दौड़ना, कूदना, रूकना, चलना.......

बेटी की माँ होना
जैसे अपने
छूट गये हिस्सों को

फिर से पढ़ना

बेटी की माँ होना
जैसे
आकाश में प्रचंड सूर्य
और अतल सागर में मगर से डरना ...

बेटी की माँ होना
जैसे
अबूझ सौंदर्य से
भरे हुए वन में
नरभक्षी शेर की
कल्पना से
भयभीत होकर
दबे पांव चलना ...

बेटी की माँ होना
जैसे
ब्रह्मांड की
हर चिड़िया
मछली
और खरगोश की
सलामती की दुआ करना

❑

## इन दिनों

इन अनमने दिनों में
सूर्य का
अपने समय पर उगना
रोज की ही बात है ...
हवाएँ भी
चलती हैं अकारण

धूप चटककर
बिखरे कांच के टुकड़ों सी
पैरों में चुभती हैं
सब दिशाएँ तप रही हैं
बारिशें भी जा छिपी हैं
उस
अनचीन्हे आसमान में
जो
जीवन सा दूर बसता है

यह समय भी
शान्त होकर
उस समय को ताकता है
जो अतीतों में ठहरकर
इन दिनों में झाँकता है

❑

# तुम कहाँ थे

सबसे अँधेरी रात में
मैंने तुम्हें पुकारा
सबसे सुन्दर सुबह
आँखें खोलते ही
मैंने तुम्हें खोजा

सबसे निराश दोपहर में
मैंने तुम्हारे साथ होने की कामना की
सबसे थकान भरे दिन में
मैंने तुम्हारा सहारा चाहा

विरोधी भीड़ के बीच
मैंने तुम्हारे साथ खड़े होने की कल्पना की
और अनगिनत हैं वे शामें
जिनमें मैंने
तुम्हें याद किया

तुम्हारे शब्दों को
अपना अर्थ मानकर
मैं निकल पड़ी तुम्हारी खोज में...

कहाँ थे तुम
तुम कहाँ थे

❑

## चली जाओ कशिश

*(सात साल की कशिश का अपहरण व बलात्कार हुआ था।
पाँच दिन बाद कशिश की लाश मिली)*

शुक्रिया कशिश,
तुमने फिर याद दिलाया
कि यह समाज
एक बियावान जंगल है
जिसके हर पेड़ पर
हमारी गर्दनों में
कसने को बेताब
हज़ारों बेलें झूल रही हैं

यहाँ की नदियों में
विषैले नाग
हमारी टोह लिए बैठे हैं
यहाँ की हवा में
इतना ज़हर है
कि हमारा नकाब हटते ही
हमारे भीतर समां जायेगा
और बेख़ौफ़ होकर ली गई
हमारी एक सांस भी
जानलेवा हो सकती है

शुक्रिया कशिश ,
तुमने फिर याद दिलाया

कि हमने अपनी हर लड़ाई हारी है
कि दुनिया में
कभी कोई क्रांति नहीं हुई
कि जंगलों और गुफाओं के
भीतर रहने वाला
होमो सेपियन्स
सदियों की तरक्की के बाद बने
इस दौर के इंसान से
बेहतर था

जाओ कशिश
इससे पहले कि
कोई और आदमखोर भेड़िया
तुम्हें सूँघता हुआ निकल आये
और तुम्हारी लाश से
बोटियाँ नोचने लगे

चली जाओ कशिश
एक बार और चली जाओ
इंसानियत के ज़नाज़े की
अगुवाई करो

❑

# परिधियां

जब कोई रिश्ता
शब्दों में सिमट जाता है
तो उसकी परिधि के भीतर
केवल
स्वप्न की खुरचनें ही
शेष रह पाती हैं

स्मृतियाँ पसीजकर
हथेलियों को भिगा जाती हैं
और जब
उन भीगी हथेलियों को
हम अपनी
थकी हुई आँखों पर रखते हैं
तो हमारी आँखों से होकर
हमारी थकान
मस्तिष्क तक उतर जाती है

बीते वर्षों में
तुम्हारे मेरे
अनगिनत स्वप्न
जुड़े और टूटे
फिर जुड़े

## फिर टूटे

दोष समय का था
या हमारा
यह हम दोनों में से
कोई नहीं जानता ...

फिलहाल
हम दोनों
एक दूसरे पर
आरोप सिद्ध करने में
इतने व्यस्त हैं
कि अपने बीच की
बढ़ती खाई को
अनदेखा कर रहे हैं

❑

## गाँव बनाम शहर

गाँव और शहर
अनचाहे सम्बन्धियों की तरह
जानते हैं एक दूसरे को
और एक का फैलना
बन जाता है
दूसरे का सिकुड़ना

गाँव की चीज़ें
शहर में नहीं मिलती
और शहरी चीजें
गाँव से दूर हैं

सड़कें बनी
और कुछ कोस की दूरियाँ
किलोमीटर में बदल गई

नाप तोल
और जोड़ तोड़ के आगे
गाँव और शहर की सीमाएँ
न जाने किस मोड़ पर
अलग हो जाती हैं

गाँव का होना
शहर का न होना है

शहर के इतिहास से
ज्यादा पुराना है
गाँव का भूगोल
पर
शहर गाँव को जानता है
किसी दूसरे ग्रह की तरह
एक ऐसा ग्रह
जिसे कभी कभी
दूरबीन से देखा जा सकता है
पर जहाँ जाना
शायद कभी न हो पाए
शहर को छोड़कर

❑

# सहअस्तित्व

पेड़ पहाड़ और पृथ्वी की तरह
मेरा भी रिश्ता है आकाश से
दूरियों का यह रिश्ता फूलता है बसंत में
और पतझड़ में झर जाता है

बारिश की डोर
बाँधती है हमें
और हमारे भीतर की
सूखती नदियाँ
फिर से भर उठती हैं

इस दूरी को नापने का प्रयास
कभी नहीं किया मैंने
पर इसके होने और बने रहने को
मैं हर रोज़ जीती हूँ

क्षितिज़ तक पहुँचने के
स्वप्न को सींचते
कई रोज़ से बादल
ठहरे हैं मेरी आँखों में
और / दूरी से जुड़े
सहअस्तित्व की परिभाषा
अब भी लिखी जानी है

❑

## मातम

*(15 जुलाई 2016 को फ्रांस के नीस शहर में हुए आतंकी हमले पर)*

खुशियाँ मनाती भीड़ के बीच
एक ट्रक आता है
और उसकी रफ़्तार कई गुना बढ़ जाती है
उस रात चालीस लोग मारे जाते हैं ...

मैं अपनी सोई बेटी को छूकर
तसल्ली कर लेना चाहती हूँ
कि उसके पैरों की
सभी उंगलियाँ सलामत हैं ...
कि उसे छूने पर पर
मेरे हाथों में
लिजलिज़ा सा कुछ नहीं चिपकता

पर दूसरे ही पल
मुझे खुद के चेहरे की फ़िक्र होती है
दबे कुचले चेहरों में से
कोई एक
मुझे अपने चेहरे का
गुमान देता है

आधी रात को
बत्ती जलाकर
मैं आईने के सामने

खड़ी हो जाती हूँ
मैं अपने गाल और होठों
को छूकर  देखती हूँ
और अपने हाथों की छुंअन को
महसूस करती हूँ
पर मुझे
एक गवाह चाहिए
जो मेरे अब तक होने को
साबित कर सके

वे सब जो मेरी तरह
इस पल जिंदा हैं
वे किसी भी पल मर सकते हैं
क्या पता यही वह पल हो
जो हमारा आखिरी हो
और इससे बेखबर
हम किसी भीड़ में शामिल होकर
आतिशबाजी देख रहे हों

कि हमारी खुशियाँ
पलभर में ही
मातम बन सकती हैं
कि मौत
हमेशा खुद नहीं आती
कि मौत
हमेशा वज़ह नहीं बताती
कि मौत
मरने वालों का हिसाब नहीं रखती

दुनिया भर के समुद्रों में
बारूद घुल रहा है
और अनगिनत मछलियाँ
बम बन रही हैं

❑

## अधखिला सा

अधसिले सुख ...अधजले दुःख
और जीवन अधखिला सा
है सवेरे की सतह पर
रात का टुकड़ा मिला सा

घुल रहे हैं चाँद तारे / बाँध सारे टूटते हैं
है गज़ब का शोर
जैसे सब इकट्ठे बोलते हैं
सब गले तक भर चुके हैं
हाल फिर भी अनकहा सा
है सवेरे की सतह पर
रात का टुकड़ा मिला सा

खौलते हैं आज पोखर
और जंगल जल रहे हैं
जो पुराने चले अब तक
आज सारे ढल रहे हैं
है नयों में आंच लेकिन
फिर भी कुछ है अधपका सा
है सवेरे की सतह पर
रात का टुकड़ा मिला सा

अधसिले सुख / अधजले दुःख
और जीवन अधखिला सा ❑

## समुद्र से

आँसू बनकर
आ जाओ मेरी आँखों में
मैं तुमको भर लूँगी
अपने मन और तन में
ले जाऊँगी तुमको
उस एकांत क्षितिज़ में
जहाँ आसमान को छूना भी संभव है
और संभव है
उस ऊंचाई को पा जाना
जो कि तुम्हारी
गहराई तक पहुँच गयी है

तुम समुद्र हो
मैं पहाड़ों की वासी हूँ
मेरा और तुम्हारा मिलना
कुछ ऐसा है
तारों में दो नये रंग भरने जैसा है

❑

# बेटी की आँखें

उसकी आँखें
मुझे टटोलती हैं
और मैं
झाँकती हूँ अपने भीतर...

अपने स्याह कोनों से
भयभीत मैं
टाल देती
हूँ हर बार
अपनी शिनाख्त ...
मैं जानती हूँ
कि इस काम में
बहुत समय लगेगा

उसकी आँखें
मुझे परखती हैं
और मैं
अपनी हथेलियों को
हृदय के अधिक समीप पाती हूँ
उसके देखने से घटते हैं मन के विस्तार
और क्षितिज़ बढ़ते हैं

मेरे होने से
आश्वस्त होकर ही
उसकी आँखें
हटती हैं दूसरी ओर ..
उसकी आँखें
मेरे अस्तित्व को
एक और बार
प्रमाणित करती हैं

उसकी आँखें
मेरी आँखों पर नहीं
मस्तिष्क पर ठहरती हैं
जिसकी प्रतिध्वनि
शरीर की
हर कोशिका में
झंकृत होती है

❑

## सब मिटा दो

मिटना आवश्यक हो जाता है
जब
नया बनने की इच्छा
सिर चढ़कर बोलने लगती है

जब आस पास बिखरी चीज़ें
बेतरतीब होकर
खुद के हिलने भर को भी
स्थान नहीं छोडती
तो हम एक कोने से शुरू करके
उन्हें सहेजने लगते हैं

पूरी तरह उलझी रस्सी में भी
कोई सुलझता सिरा
बच ही जाता है

अंधेरे के
असंख्य रंगों से
सजती है एक भरपूर रात ...
रात के गहराने से पहले
अंधेरे से डर जाना
सुबह के आने को
विलंबित करता है

और बढ़े अंधेरा
गर्मी बढ़ती जाए
ठण्ड से कांप उठे रूह
और बारिश चलती रहे
भूकम्पों से हिले धरती
और हज़ारों ज्वालामुखी
फट पड़ें एक साथ

सब मिटा दो
सब मिटा दो
सब मिटा दो
कुछ नया दो
कुछ नया दो
कुछ नया दो

❑

# लौट आओ

लौट आओ
कि अब भी बुरांश खिलते हैं
लौट आओ
कि अब भी काफल पकते हैं
लौट आओ
कि प्यास बुझाने भर को पानी
अब भी बचा है नौलों में
हवा अब भी नम है
और पहली नज़र में
जंगल अब भी हरे दिखते हैं

लौट आओ
कि इस ओर
आकाश कुछ ज्यादा नीला है
और ज़मीन में हाथ फेरने पर
अब भी कुछ उग आता है

लौट आओ
कि ठंडी राख में दबे कोयले
अब भी गर्म हैं
और चीड़ के जंगल की मिट्टी में
अब भी छिपे हैं

बांज और तिमिल के बीज

लौट आओ
कि समय इतना भी नहीं बीता
कि बीत जाए एक पूरा जीवन
लौट आओ
कि तुम्हारा यहाँ होना
इसी जनम की बात है

लौट आओ
कि तुम्हारी शिनाख्त के लिये
पहाड़ ने अब तक
खुद को बचाए रखा है

❑

## मुक्ति

जानती हूँ
यह नहीं है प्रेम की परख
कि तुम प्रस्तुत रहो सदा
जब भी मुझे
तुम्हारी आस हो...
या कि मैं बिछ जाऊँ
आँख मूदकर चलते
तुम्हारे कदमों तले ...

इसीलिए आज
मैं मुक्त करती हूँ
तुम्हें और स्वयं को
अपेक्षा और उपेक्षा के
सभी दुर्निवार अवसरों से

❑

## कोरोना काल में ....1

जो विश्वयुद्ध में नहीं मरे
न उड़ाए गए किसी तानाशाह की तोप से
आज़ादी की लड़ाई में भी
जिन्होंने जान नहीं गंवाई
और न शहीद हुए
किसी सीमा की सुरक्षा में

जिन्हें भूकंप ने नहीं छुआ
और न चक्रवात ने हिलाया
जो अनभिज्ञ हैं किसी सुनामी से
और जिनके पैरों तले ज़मीन
कभी नहीं खिसकी..

जो बाढ़ में नहीं बहे
और ज्वालामुखी के लावे को
चखकर निकल आए...
जिन्हें किसी जानवर ने नहीं मारा
और न जानवर की तरह
जिनका शिकार किया इंसानों ने

जिनका होना
स्वयं ब्रह्मांड को चुनौती देता है

वे खड़े हैं
मृत्यु के इस नए द्वार पर
अपनी बारी की प्रतीक्षा में ...
वे बचेंगे
वे बचेंगे
मृत्यु को एक बार फिर से मात देकर
वे बचेंगे

शेष जीवन ही रहा है
शेष जीवन ही रहेगा

❑

# कोरोना काल में ...2

मौत के आँकड़ों के बीच
जो राह मुड़ती है
वापस जीवन की ओर
उस पर चलकर
एक बेहतर दुनिया का सपना
बचाए रखना है आँखों में ...

खुली और बंद पलकों के बीच
जो रह गया है शेष
और रहेगा तब भी
जब बहुत कुछ नहीं रहेगा
उसी शेष को स्वयं में समाकर
मिलकर
बाँटकर
फिर से गढ़ेंगे जीवन की भाषा

समय के प्रवाह में आया यह अंतराल
बाँधेगा फिर से
आशा
प्रत्याशा

❑

# कोरोना काल में ...3

दूर हैं हम
और देख रहे हैं
आँखों का खुलना
मुँद जाना
दूर हैं हम
और देख रहे हैं
खेल खेल में सब मिट जाना...
सन्नाटा पसरा है घर के बाहर भीतर
पर सन्नाटे में भी
कुछ चिड़ियों की चूँ चूँ साफ सुनी हैं
मुंदी हुई आँखों में भी
कुछ जोड़े आँखें चमक रही हैं ...
सूर्य रोज ही उग आता है
और दिनों का बनना भी हर दिन ज़ारी है
मृत्यु दूर से आती ध्वनियों में है जब तक
तब तक ही क्यों ना कोई उम्मीद करें हम..
वर्तमान में सर्वोत्तम से
और अधिक क्या कर सकते हैं
हम अपने भविष्य को लेकर
समय सदा बीता है
और बीतेगा यह भी...
अपने सारे सबक समेटे बढ़ जाएँगे
उम्मीदों के दिन फिर से वापस आएँगे

❑

## सालमन

*( कोरोना काल में घर लौटते मजदूरों के नाम )*

वे लौटते हैं
उन घरों की ओर
जहाँ वे पैदा हुए।
पैदा होना ही
उनके जीवित रहने का
एकमात्र कारण था ...

जीने के प्रयासों में
जीवन बिताते
वे जाते हैं समुद्र में
और खारे पानी के बीच
अपनी प्यास की गहराई को
रोज़ महसूस करते हैं ....

वे अभ्यस्त हैं भूख के
समय के मरुस्थल में
अनगिनत अकाल
उनकी आँखों से होकर
उनके भीतर समाए हैं ...
सांस भर हवा
उनके जीवन का सर्वश्रेष्ठ वरदान है

वे जीते हैं

क्योंकि उनके जीने से
गतिमान है जीवन ...
वे पहिये हैं
उन रथों के
जिनमें सवार अनेकों महारथी
संसार के युद्ध जीतते हैं
उनके जीने से बनते हैं इतिहास
और भविष्य की सड़कों पर
ईंटें बिछाई जाती हैं ...

वे जीते हैं
क्योंकि वर्तमान के उत्सर्जन को
केवल वे ही सोख सकते हैं..
पर कभी कभी
वर्षों से संचित
भूख, बीमारी और थकान को समेटे
वे लौट पड़ते हैं
समुद्र से नदी की ओर ...

रेल, सड़क
या आकाश के सभी मार्ग
उनके समक्ष अवरूद्ध हैं ...
अपनी नगण्यता की
गठरी उठाए
वे चलते जाते हैं

वे स्वयं मरते हैं
या मर जाते हैं
या मारे जाते हैं

❑

# शून्य

क्योंकि शून्य
हमेशा शून्य नहीं रहता
बीतते समय के साथ
शून्य में जमती हैं जड़ें
जो धरती के भीतर
अपने होने को सृजित करती हैं

भीतरी बनने के बाद
धरती के बाहर
एक दिन अचानक
जो अंकुर फूटता है
वह सारथी है
शून्य की शक्तियों का

शून्य बढ़ेगा निश्चित
और उसके विस्तार का
आर या पार
अबूझ होगा उन सबके लिए
जो संभावना के अर्थ से
अछूते हैं

❑❑❑